DE

L'ARCHITECTURE RELIGIEUSE A LYON

D'APRÈS QUELQUES CONSTRUCTIONS MODERNES.

ÉGLISE DE LA DEMI-LUNE. — ÉGLISE DE SAINT-GEORGES.

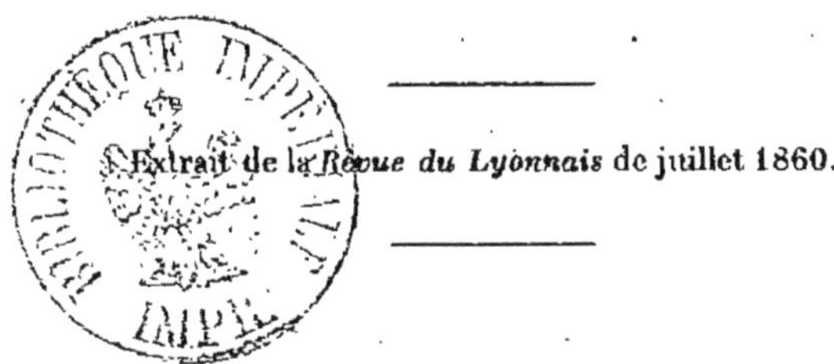

Extrait de la *Revue du Lyonnais* de juillet 1860.

La construction de ces deux églises, mais notamment celle de la succursale de la Demi-Lune , nous reporte plus particulièrement à cette époque déjà loin de nous, où commençait à se dessiner, dans notre ville, ce mouvement intellectuel qui entraînait les esprits vers l'étude du moyen-âge.

Pour faire apprécier, comme il convient, le mérite réel de ces deux édifices dont la presse locale ne s'est que peu cu point inquiétée dans le temps, il ne nous semble pas inutile de jeter un coup d'œil rétrospectif sur l'état de l'architecture religieuse à l'époque où ils se sont élevés.

L'art ogival qui était resté si longtemps en oubli et que l'on avait dédaigné d'étudier sérieusement , ne devait trouver à sa réapparition que peu d'artistes en état de le comprendre et de l'interpréter d'une manière avouable. Aussi, par respect pour des talents fort honorables d'ailleurs, tairons-nous les premiers essais en ce genre, tentés par quelques uns de nos architectes de l'ancienne école.

Il ne pouvait guère en être autrement, car ce n'est pas tout d'un coup que l'on parvient à rompre avec ses vieilles rancunes artistiques et que l'on en arrive de prime abord, à exprimer avec une vérité saisissante ce que l'on a si long-temps méprisé ou méconnu.

Les jeunes imaginations devaient s'ouvrir plus facilement aux effluves d'un art si poétique; leurs études d'ailleurs moins exclusivement imbues du grec et du romain classiques que celles de leurs devanciers, pouvaient les diriger plus libre-ment vers un tout autre ordre d'idées.

Aussi bien, est-ce en grande partie à des adeptes de la jeune école que nous devons les plus brillantes et les plus suaves interprétations du style de nos cathédrales.

Nous nous rappelons encore avec quelle sollicitude affec-tueuse on s'enquérait des noms des artistes qui vinrent les premiers nous initier, par leurs œuvres, à toutes les beau-tés de l'art religieux, et avec quelle satisfaction marquée, avec quel noble orgueil on saluait alors ces premières inspirations.

Le moindre projet de construction dans le goût des idées nouvelles, trouvait partout l'accueil le plus empressé, le plus sympathique; chaque restauration exécutée à quelques unes de nos vieilles églises, excitait l'intérêt général; on com-prenait que c'était là le commencement d'une prochaine et complète réhabilitation de cette merveilleuse architecture.

Cet art, cependant, que l'on aimait à voir renaître de ses ruines et pour lequel le sentiment populaire commençait à se passionner, n'était pas encore *officiellement* reconnu dans les hautes sphères administratives; cet art qui est véritable-ment notre art national, n'avait pu reconquérir encore son droit de cité; il n'avait pas d'existence *légale!*

Loin de là, on l'excluait impitoyablement de tous les con-cours d'architecture et c'était une des conditions expresses d'admission imposées aux concurrents.

On lui faisait une guerre à outrance, on l'avait déclaré barbare cet art si mystique et si savant!

Pour se faire une idée de la déconsidération dont on s'efforçait en haut lieu d'envelopper le style ogival , on n'a qu'à lire le rapport de M. Raoul Rochette, présenté, en 1846, à l'Académie des Beaux-Arts.

Dans ce mémoire intitulé : *Considération sur la question de savoir s'il est convenable, au XIXe siècle, de bâtir des églises en style gothique*, le célèbre antiquaire déclare que : « sous le rapport de la solidité, les églises gothiques man- « quent des conditions qu'exigerait aujourd'hui l'art de « bâtir (1). »

Or, la construction de l'église de la Demi-Lune qui va nous occuper, remonte à 1842, c'est-à-dire bien antérieurement au rapport-anathème du docte académicien que nous venons de citer. Le moment n'en était pas mieux choisi.

Débuter en effet dans un art proscrit par la science toute-puissante des académies et des écoles d'Architecture selon Vitruve et Vignole, c'était alors, de la part d'un artiste plein de talent et d'avenir, plus qu'un acte de courage, c'était de la témérité, car il ne risquait rien moins que de briser sa carrière artistique.

Mais ce qui allait contribuer surtout à donner peu de retentissement à une semblable entreprise, c'étaient les conditions exceptionnelles d'économie dans lesquelles l'édifice devait être construit.

Les projets de monuments en style gothique, on le savait, étaient alors irrévocablement condamnés d'avance au sein du Comité des bâtiments civils : il fallait se résigner à ses propres ressources ou conformer son plan au style officiel des architectes patentés et assermentés.

L'église dont nous parlons, ne put donc s'élever qu'à l'aide de souscriptions individuelles et volontaires, arrivant

____

(1) *Revue de l'art chrétien*, par M. l'abbé J. Corblet. Décembre 1859.

au chiffre de 50 à 60,000 francs; souscriptions auxquelles, nous devons le dire, une de nos plus honorables familles lyonnaises a bien voulu participer dans une importante mesure.

Ce modeste édifice, nous ne nous en cachons pas, a toujours eu, pour nous, un attrait particulier qu'il empruntait même aux circonstances difficiles au milieu desquelles il s'est produit; ç'a été la première manifestation du style religieux qui soit venu frapper nos regards d'une manière attachante et dont nous ayons gardé un souvenir que le temps n'a pu encore effacer; c'était enfin le prélude d'un talent précoce, d'une imagination richement dotée où se révélait déjà le chef d'école distingué que l'on devait compter bientôt comme une des gloires artistiques de notre cité, les moins contestables.

L'étroit programme dans lequel devait se renfermer le devis de la construction, ne laissait à l'architecte qu'une liberté d'action très-limitée; ce n'était pas le cas de chercher à imiter servilement le style même le moins orné de la période ogivale, car on eût inévitablement dépassé le chiffre des ressources sans avoir pu créer une œuvre qui reflétât, d'une manière satisfaisante, le caractère architectural adopté.

Notre jeune architecte n'avait pas besoin, d'ailleurs, de ces réminiscences de l'art gothique si énergiquement stéréotipé sur les murs de nos vieilles églises du moyen-âge, pour donner la vie au projet dont il avait été chargé; il créa tout exprès, on peut le dire, un style particulier, exceptionnel pris dans le thème général de l'ogive et qu'il sut appliquer, dans cette circonstance, avec un à-propos et un bonheur inouïs.

Et c'est à ce moment que l'on voit se manifester, chez l'habile artiste, cette étonnante faculté de composition que nous devions admirer plus tard, dans les œuvres de la plus

grande importance. Aussi nul effort, nulle recherche dans la
simple et charmante église dont nous allons essayer de rendre compte.

Bientôt se dessina son plan harmonieux avec ses nefs laté-
rales prolongées en *déambulatoire* autour du sanctuaire; —
avec son transept terminé à chaque extrémité par une
absidiole polygonale éclairée par trois petites fenêtres en
lancette du plus heureux effet; bientôt se dressèrent ces
deux rangées de piles mignones monolithes dans lesquelles
viennent prendre naissance, par une saillie habilement ména-
gée, de gracieuses arcades, d'un profil très-sobre, mais
savamment calculé; bientôt enfin s'éleva cette jolie façade
si bien ordonnée, belle de simplicité comme une fleur des
champs, et couronnée plus tard de la petite flèche ardoisée
qui se découpe, aujourd'hui, avec tant d'élégance, sur l'azur
du ciel.

En raison de la modicité des ressources dont il disposait,
il serait injuste de ne pas reconnaître toutes les difficultés
que l'architecte devait rencontrer dans l'exécution de son
projet et avec quelle sagacité, avec quelle intelligence de son
art il les a surmontées.

Obligé de se rejeter en grande partie sur des matériaux
d'un choix très-secondaire et d'une qualité inférieure, il lui
fallait concentrer toute son attention sur les moyens d'en
tirer le meilleur parti possible et en combiner l'emploi de la
manière la plus judicieuse; on peut dire hardiment qu'il a
parfaitement réussi.

Bien qu'en effet, on ne retrouve partout que le strict né-
cessaire, on voit néanmoins que tout a été sagement prévu
dans le but d'assurer à l'édifice une durée des plus respectables. Répudiant avec raison tout ce qui n'était pas de la
construction pure et vraie, mais pressé toujours par les
mêmes motifs d'économie forcée, il n'a pas hésité à mettre

en pratique un système de charpente visible, plutôt que d'établir des voûtes factices.

Toutefois, il a dû lui en coûter beaucoup, nous n'en doutons pas, d'avoir été obligé d'employer pour les murs extérieurs, un simple enduit au mortier, n'ayant pu obtenir de les élever en moellons *appareillés*.

C'était, dans ce dernier cas, un surcroît de main-d'œuvre qui ne devait pas excéder de 5 à 600 francs et qui eût donné à l'édifice un tout autre aspect en lui imprimant un caractère vraiment monumental.

Néanmoins la Commission des travaux de cette église ne jugea pas à propos d'autoriser cette dépense, toute minime qu'elle fût, et de donner ainsi à l'architecte une satisfaction bien légitime.

On doit regretter aujourd'hui que la question artistique n'ait pas été mieux comprise alors, et qu'elle ait été inintelligemment sacrifiée à des considérations d'une insignifiante économie.

Un des détails de construction que nous ne saurions passer sous silence et que nous avons admiré, non sans quelque étonnement, nous l'avouons, c'est que malgré l'absence de toute espèce de butée extérieure dans le haut de la nef centrale, l'architecte a été assez sûr de lui-même, d'autres diraient assez osé, pour établir tous ses arcs doubleaux en pierre. Quels que soient les moyens ingénieux ou savants employés dans cette circonstance, pour contenir l'écartement de ces arcs, sans autres points d'appui apparents que de faibles murs, il est évident pour nous que cette méthode, exempte d'ailleurs de tout artifice, semble avoir été ignorée ou méconnue de la plupart de nos constructeurs, car dans une foule d'églises rurales qui se sont élevées depuis celle-ci, nous n'avons pu en constater un seul exemple; tout au contraire, nous avons le regret de le dire, les procédés mis en œuvre dans le plus grand nombre de ces modernes édifices, ne sont trop souvent que des expédients peu avouables qui indiquent plutôt l'enfance, ou mieux la décadence de l'art des constructions, qu'une époque de science et de progrès.

Pour rendre seulement supportable l'intérieur d'une église construite dans des conditions aussi précaires, il fallait déjà quelque habileté; l'architecte a fait plus, à notre avis, car il a trouvé le secret d'y répandre même un certain charme.

Avec un art qui lui semble tout particulier, il a su racheter, par une rare entente des proportions, par l'exquise simplicité et la grâce naïve des détails, l'absence à laquelle, d'ailleurs, on devait forcément s'attendre de toute ornementation sculpturale. Le regard se plaît à errer dans cet intérieur empreint d'une douce poésie, où chaque partie est bien dans son rôle et concourt sagement à l'harmonie générale.

Nous félicitons surtout l'architecte d'avoir eu l'heureuse idée de faire porter en encorbellement sur des culs-de-lampe, à une grande distance du sol, les colonnettes qui reçoivent, dans le sanctuaire, la retombée des arcs doubleaux et des nervures du rond-point. Cette habile disposition qui témoigne, chez son auteur d'un sentiment artistique des mieux compris, ne contribue pas peu, selon nous, à donner de l'animation et du pittoresque à l'intérieur de ce charmant édifice.

Déjà le sanctuaire de cette basilique en miniature est éclairé par des verrières de couleur qui ne sont pas sans mérite, tant s'en faut ; déjà aussi depuis longtemps, un spécimen de peinture murale est venu adroitement dissimuler tout ce que pouvait avoir d'insolite et de choquant, l'aspect des charpentes apparentes qui tiennent lieu de voûtes.

Bientôt il sera possible de juger de l'effet général que ce genre de décoration est appelé à produire, car depuis peu on vient de se remettre à l'œuvre que l'on paraît décidé à poursuivre, cette fois, jusqu'à complet achèvement.

Une grande partie de l'ameublement de cette église a été fort heureusement exécutée d'après les dessins de l'architecte qui en a dressé le projet ; c'est à lui que l'on doit le maître-autel ainsi que celui qui est placé dans l'absidiole septentrionale du transept ; puis enfin les stalles et un seul confessionnal : nous ne parlons pas de celui qui se trouve dans la nef latérale de gauche, près de la chapelle de la Sainte Vierge, car ce n'est qu'une copie inhabile et malheureuse du premier.

La chaire à prêcher en style néo-gothique du XVe siècle, nullement en rapport avec le caractère de l'édifice, accuse une tout autre main que celle qui a dessiné les autels et les stalles ; c'est une de ces mille banalités de style prétendu ogival, que l'on retrouve à satiété dans les ateliers des entrepreneurs de monuments funèbres.

Par suite d'une de ces regrettables infractions aux dispositions architecturales de nos monuments religieux, si communes à la plupart des Conseils de Fabrique, lorsqu'ils sont livrés à leurs propres inspirations, l'autel de Saint Joseph a été orné d'une espèce de retable en forme de niche, qui encadre pompeusement la statue du saint patron.

Mais cette malencontreuse conception décorative exécutée, nous ne saurions dire par quelle main et d'après les principaux motifs de l'un des confessionnaux, est venue obstruer complètement une des trois fenêtres de cette absidiole et détruire, en partie, l'aspect harmonique du plan général.

On aurait dû tenir meilleur compte, ce nous semble, des véritables intentions de l'architecte, si clairement indiquées à cet égard, par la disposition même des deux autels ; ceux-ci en effet ne comportent qu'un gradin peu élevé et surmonté d'un tabernacle dont la hauteur ne dépasse pas la naissance des fenêtres. Nul doute, par conséquent, que la statue de saint Joseph ne dût, ainsi que celle de la Sainte Vierge, se détacher librement sur le fond transparent de la fenêtre centrale.

Il eût été bien désirable aussi, qu'une direction ferme et éclairée eût présidé, non seulement à l'agencement complet de cette église, mais se fût constamment étendue à tout ce qui concerne l'entretien et l'embellissement des chapelles.

Celle de la Sainte Vierge surtout nous a paru subir, depuis longtemps, les conséquences fâcheuses de ce genre de décoration outrée, à grand renfort de festons et de guirlandes, où se manifeste plus de zèle que de goût et plus de bonne volonté que de soins intelligents. Tout ceci est d'autant plus regrettable que cette chapelle possède, dans la suave statue de la Vierge au *Magnificat* de M. Fabisch, une œuvre d'un grand mérite.

Espérons qu'une ornementation plus calme et plus digne rappelant celle du sanctuaire, ne tardera pas à faire disparaître enfin cet étalage malentendu d'ajustements-colifichets, causes incessantes de nouvelles dégradations.

C'était bien peu, sans doute, pour un artiste de talent de se faire connaître par une construction d'aussi mince importance, mais c'en était assez cependant pour le faire apprécier déjà de la manière la plus favorable,

Conserver en effet à un édifice élevé à l'aide d'aussi faibles ressources un cachet de véritable simplicité sans tomber dans l'abus si ordinaire, la pauvreté, n'était pas un écueil bien facile à éviter, il faut en convenir, et l'on peut s'en convaincre en examinant d'autres églises construites dans les mêmes conditions d'économie.

La science et l'esprit inventif de l'architecte ressortent d'ailleurs, d'une manière évidente, du système de construction aussi simple qu'ingénieux adopté ici, et duquel sont exclus les subterfuges et les moyens cachés que l'on découvre souvent dans des édifices d'une plus grande importance et d'une structure en apparence plus compliquée.

Mais bientôt le génie de l'artiste, jusqu'alors si étroitement emprisonné, allait pouvoir se donner carrière dans un monument vraiment digne de ce nom, et se révéler, d'une manière aussi brillante qu'inattendue, dans la ravissante église de Saint-Georges.

Il est de ces œuvres hors ligne qui, pour être mises en lumière sous leur jour véritable, ne demandent que des appréciations raisonnées : aussi sentons-nous notre insuffisance en présence d'une semblable tâche; nous craignons de tomber dans ces stériles et emphatiques descriptions auxquelles on se laisse aller si souvent dans la plupart des comptes rendus sur nos monuments religieux.

Telle qu'elle nous apparaît aujourd'hui, et bien que le plan en ait été dressé il y a plus de quinze ans, l'église de Saint-Georges peut supporter encore, sans le redouter, l'examen critique le plus sévère de la part de nos érudits; ce n'est point là une de ces trop nombreuses productions *gothiques* dans toute l'acception du mot ; assemblage hybride et désordonné des formes ogivales, où l'on ne peut reconnaître l'empreinte véritable d'un style nettement déterminé.

Quoique les études sur le moyen-âge aient eu le temps depuis cette époque de faire quelque progrès, nous n'hésitons pas à déclarer hautement et sans vouloir rabaisser le mérite de personne, que l'on ne nous a pas encore habitués à une telle vérité archéologique et à une telle élégance de composition. C'est incontestablement ce que l'école moderne du style ogival nous a légué, jusqu'à ce jour, de plus remarquable dans notre ville.

On dirait que l'art si capricieux du XVe siècle est venu poser tout entier devant l'architecte, et que celui-ci n'a eu qu'à le dessiner sur nature avec ses mille détails et ses mille fantaisies.

M. Bossan a fait plus, d'ailleurs, que de reproduire simplement le caractère d'une des périodes de l'art ogival; on peut dire hardiment qu'il l'a épuré, ennobli en quelque sorte ; il a eu le soin de le dépouiller de certaines exagérations de formes, de certaines trivialités de parti pris ; il l'a reproduit en un mot, avec tout son charme particulier, sans rien lui laisser de cette allure vagabonde, de ce style incorrect qu'il conserve encore souvent dans la plupart de nos vieux édifices.

Et cependant, en présence d'une œuvre semblable, on a prononcé le mot de copie ! Par honneur pour l'artiste et dans l'intérêt de la vérité, nous tenons essentiellement à relever cette injuste qualification et à démontrer tout ce qu'elle a d'inexact en pareille circonstance.

Non, ce n'est point là une copie assurément, et il y a autre chose qu'un pastiche dans une telle interprétation de style; il y a vraiment inspiration.

L'inspiration en effet, c'est cette faculté naturelle que Dieu a mise en nous, mais plus libéralement départie aux uns qu'aux autres, d'exprimer, dans le langage artistique ou littéraire, une idée neuve, une pensée saisissante qu'elle tire de son propre fond ; l'inspiration peut se manifester tout aussi bien dans l'adoption d'un style connu d'où elle sait faire dériver une foule de conceptions originales que dans la création d'un type-nouveau. Cependant c'est dans ce dernier cas surtout, qu'elle nous paraît vraiment supérieure, complète et puissante, et plus particulièrement le lot de quelques artistes privilégiés.

Le copiste par nature, qu'on le sache bien, n'a que peu ou point d'idées à lui; il crée mal ou ne sait rien créer: c'est un champ aride où ne croissent qu'avec peine quelques plantes rabougries et dégénérées ; c'est une source tarie qu'il faut continuellement alimenter pour qu'elle paraisse couler toujours : c'est en définitive, un miroir qui ne peut que reproduire l'image des objets qui vont s'y refléter.

Tous les copistes cependant ne le sont pas au même degré ; les uns empruntent seulement à un artiste l'idée générale de telle ou telle de ses œuvres qu'ils reproduisent ensuite à leur façon ; d'autres s'emparent de sa manière, de son style, dont ils se servent à tout propos et quelquefois, par conséquent, hors de propos ; ceux-ci enfin, avec moins de tact et moins d'habileté, s'en vont glaner sans façon dans le champ libre de leurs voisins et ne prennent pas même la peine de déguiser leurs emprunts.

Mais rien ne nous donne une idée plus juste du copiste en général, et tel que nous le comprenons en arts comme en littérature , que ces vers si connus de Voltaire sur l'abbé Trublet :

> Au peu d'esprit que le bonhomme avait
> L'esprit d'autrui par supplément servait ;
> Il compilait, compilait, compilait ;
> Il entassait adage sur adage ;
>
> . . . .
>
> On le voyait sans cesse écrire, écrire,
> Ce qu'il avait jadis entendu dire...

Loin de nous la pensée de vouloir jeter le ridicule et le dédain à ceux qui, moins doués que d'autres de la facilité de composition , savent y suppléer , en quelque sorte , par un travail persévérant ; nous applaudissons de grand cœur aux généreux efforts de ces artistes vraiment dignes de ce nom, qui ne connaissent pour véritable stimulant dans la difficile carrière qu'ils parcourent, que le pur sentiment d'une noble émulation.

Ce que nous poursuivons d'une juste réprobation, c'est l'ignorance prétentieuse , ce sont ces plagiaires orgueilleux qui, pour dissimuler leur insuffisance et leur pauvreté d'imaginative , ne craignent pas de s'approprier les inspirations du génie d'autrui et de s'en attribuer tout le mérite.

On retrouve dans le caractère architectural de l'église de Saint-Georges, cet éclectisme de bonne école dont toutes les œuvres du savant artiste portent l'empreinte irrécusable.

L'extérieur de ce charmant édifice, que l'on regrette de ne pas voir encore achevé, est d'une sobriété d'ornementation peu commune à l'art du XVe siècle, mais calculée avec un tact infini pour laisser valoir un ensemble de lignes de l'effet le plus satisfaisant.

La pensée créatrice conserve invariablement partout son unité ; partout on la retrouve avec un cachet particulier de distinction et une rare noblesse de style. Il y a dans le thème général une harmonie si parfaite et une telle lucidité de composition, qu'il ne vient pas à la pensée de l'observateur de vouloir apporter la moindre modification dans l'agencement ou dans les proportions respectives de telle ou telle partie du monument.

On admire, avec raison, la simple flèche ardoisée qui s'élance du sommet de l'élégante tour octogone du clocher; on mesure de l'œil la sveltesse de ces longues fenestrelles dans lesquelles se détachent, au dessus de leurs auvents de chêne, les belles découpures de leur tympan.

Si beaucoup de monuments même d'un style somptueux n'impressionnent que faiblement et captivent si peu l'attention de la foule, c'est que l'idée principale n'est pas intelligible à première vue et ne se dessine pas avec clarté et précision comme dans les compositions des grands maîtres.

Or, le sentiment populaire a déjà salué depuis longtemps la délicieuse église de Saint-Georges, et ces témoignages spontanés d'admiration qui partent de poitrines plébéiennes, ne sont pas à dédaigner; car si cette approbation solennelle ne s'adresse pas toujours sans exception à toutes les œuvres réellement remarquables, on ne peut nier, cependant, qu'elle ne se prononce généralement en faveur du plus grand nombre.

Combien de monuments, attribués même à des artistes en renom, hautement prônés dans l'intimité de l'atelier et déclarés d'un mérite transcendant, qui n'ont pu subir, sans échec, cette grande épreuve de l'opinion publique !..

L'esprit populaire, dans les appréciations d'art, manque, il est vrai, de cette science d'analyse si familière aux Corps savants et par laquelle ils jugent de tout d'une manière parfois un peu trop absolue, il faut bien le dire, mais en revanche, il reste dans le peuple et dans le peuple artisan, entendons-nous bien, un sentiment inné du vrai beau, qui rarement fait fausse route et lui permet de discerner instinctivement les conceptions d'un ordre supérieur.

Le défaut d'études sérieuses et surtout de celles de l'antiquité, a fait naitre d'ailleurs, au sein des sociétés artistiques, une foule d'hérésies en matière d'art; il y a, de nos jours, une telle anarchie dans les idées, que chaque école, nous disons plus, que presque chaque artiste se croit en possession de la perfection idéale, et présente ses œuvres, comme le *nec plus ultra* comme le *criterium* de l'art même.

On ne s'en aperçoit que trop tard maintenant, et on doit le regretter, l'inimitable pureté des formes antiques de l'art grec, dénaturé jadis par une application absurde et forcée, ne sert plus aujourd'hui de point de comparaison et n'est plus, comme elle aurait dû l'être toujours, le type sacré de la vérité artistique.

Quand à force de dévoyer continuellement le sens intime des belles choses, obscurci sans cesse par les fréquentes disputes d'atelier, aura délogé du cerveau des artistes, où faudra-t-il aller le chercher, si ce n'est chez ceux qui, restant étrangers à nos divisions intestines, auront conservé dans toute sa plénitude, cette rectitude de jugement et d'appréciation qui est sur le point de nous échapper ; on le retrouvera, en défininitive, dans le gros bon sens, dans le sens commun des masses populaires.

Mais nous oublions trop, en vérité, que si effectivement une sorte de marasme intellectuel semble gagner chaque jour du terrain dans le monde des artistes, il en est pourtant quelques uns qui savent y résister victorieusement. Nous ne saurions en douter, surtout en reportant nos regards sur le monument qui nous occupe.

En effet, soit dans l'ensemble, soit dans les détails de l'ornementation en général, on retrouve constamment un art facile, un dessin correct et élégant. Les deux roses du transept, ornées, chacune, d'un motif différent, peuvent lutter de grâce et de souplesse avec celles du moyen-âge ; leurs divisions présentent des combinaisons de lignes entendues de la façon la plus ingénieuse et qui produisent l'effet le plus séduisant.

La disposition intérieure de l'édifice répond parfaitement à l'harmonieuse entente de l'extérieur. Les proportions générales, à en juger seulement par le sanctuaire et les transepts, ont été calculées avec une telle connaissance des effets d'ensemble, que le regard est complètement satisfait! On ne s'aperçoit pas, en vérité, des dimensions exiguës du vaisseau ; on ne se surprend pas à désirer plus de hauteur dans les voûtes, plus d'élancement dans les arcs et plus de dégagement dans les nefs ; tout a été judicieusement coordonné.

L'œil est séduit, d'ailleurs, par une foule de détails ravissants ; il se plaît à s'égarer dans les ramifications nombreuses des pendentifs délicats attachés aux nervures du rond-point : vieux souvenirs religieusement conservés de l'ancienne construction ; il se repose agréablement sur les belles sculptures du maître autel, couronné d'une délicieuse *exposition* permanente.

C'est partout un sentiment artistique, profond et délicat, uni à une verve d'imagination étonnante.

On ne s'éloigne qu'à regret de ces longues fenêtres effilées, légères, qui ajoutent tant à l'élancement des lignes de l'abside et qui donnent tant de vie à l'intérieur du monument, par la riche lumière de leurs vitraux empourprés ; on aime encore à ramener son regard, une dernière fois, sur ces fines colonnettes au jet hardi, et dont les chapiteaux feuillagés disposés en ligne circulaire, paraissent comme les fleurons d'une immense couronne autour du rond-point.

Ce n'est pas une main de copiste qui a dessiné ces belles stalles, surmontées de dais sculptés où s'épanouit une luxuriante ornementation, — qui a donné à ces corps de chimères et à ces figures grotesques accroupies contre les accoudoirs, cette vérité d'anatomie et d'expression que les imagiers du XVe siècle ne désavoueraient pas. Il n'y avait que le génie inspiré par de sérieuses et complètes études qui pût rendre, avec autant de bonheur, la physionomie d'un art qui nous était resté si longtemps étranger et dont nous avions perdu de vue les véritables traditions.

Cependant, au milieu de ces merveilles d'art, on en vient à regretter que ces magnifiques boiseries se détachent insolitement dans le vide d'une grande arcade ouverte sur les chapelles absidales, au lieu de reposer entièrement sur un mur plein ; il nous semble en effet que, dans ce dernier cas, l'harmonie générale eût été plus complète.

Quoique cette disposition de plan se retrouve assez fréquemment dans la plupart de nos vieilles églises, et notamment dans notre cathédrale, nous avouons humblement que nous n'en avons jamais bien compris l'utilité réelle. Nous ne nous rendons pas bien compte de la nécessité de ces deux ouvertures qui, dans aucun cas, ne peuvent rester libres et que l'on est toujours obligé de fermer d'une manière quelconque.

Nous doutons fort que l'architecte ait consenti de gaité de cœur à conformer son plan à une telle distribution dont il pouvait prévoir tout le fâcheux effet dans la riche décoration du sanctuaire. Nous aimons mieux croire, au contraire, qu'il n'a cédé sur ce point, qu'à des insistances pressantes et trop respectables sans doute, pour qu'il osât se permettre de les combattre ouvertement.

Par de sages raisons d'économie que l'on doit comprendre facilement, et par une juste appréciation de l'archéologie du moyen-âge, la pierre et le bois ont seuls concouru à la décoration intérieure et à l'ameublement de l'édifice, à l'exclusion du marbre et des ornements métalliques. Ainsi les clôtures des chapelles, et celle qui sépare le sanctuaire de la nef centrale, sont toutes en pierre dure et découpées néanmoins, avec une certaine délicatesse, dans un dessin élégant.

Il est en effet de l'essence même du style ogival, qui n'est pas un art somptuaire comme celui des temples et des palais de l'antiquité grecque ou romaine, qu'il soit reproduit dans l'architecture, par la pierre et le bois ; c'est à ces conditions, seulement, qu'il conserve son véritable caractère; le gothique en marbre, en bois doré ou en fonte, n'est qu'un pastiche froid et sans vie, une contrefaçon dérisoire de l'art si poétique et si noblement sévère de nos cathédrales.

Si parfois dans quelques uns de nos vieux édifices, comme à Saint-Jean par exemple, on retrouve quelque part l'emploi de matériaux précieux, ce n'est que d'une manière tout à fait accidentelle, on peut le dire. C'est dans ce cas, un simple motif de décoration particulière pour faire diversion avec la teinte uniforme des pierres *d'appareil* et pour obtenir certains contrastes à effet ; d'ailleurs ces souvenirs d'un art somptueux n'existent guère que dans les édifices du XIe au XIIIe siècle, dont le style est plus roman qu'ogival et cela s'explique, du reste, d'une manière assez naturelle.

Parmi la plupart des monuments dont la construction remonte à ces deux dernières époques, il en est bon nombre auxquels des ruines de palais et de temples romains ont fourni de superbes et nombreux matériaux ; il n'est donc pas extraordinaire qu'à ce compte, les architectes aient pu se permettre un peu de luxe, par la facilité qu'ils avaient de se procurer, sur place, la plus grande partie des marbres dont ils avaient d'avance déterminé l'emploi.

Si, malgré ce que nous venons de dire, on pouvait regretter encore dans l'église de Saint-Georges, l'absence du marbre et des métaux dorés, fort à la mode aujourd'hui, nous pensons que l'on devrait avoir quelque raison de s'en consoler en voyant que le goût exquis du travail artistique est venu largement suppléer la richesse de la matière.

On voudra bien nous permettre, en dernière analyse, de ne pas laisser en oubli une particularité de disposition de plan sur laquelle nous ne saurions trop appeler l'attention générale.

Pour conserver intacte la belle ordonnance de son édifice, l'architecte n'a rien imaginé de mieux que de profiter habilement de la déclivité du terrain sur lequel repose l'église pour ménager, en sous-sol, une sacristie assez vaste, parfaitement éclairée et à l'abri des inondations. Un escalier qui prend naissance dans une des tourelles pentagonales récemment ajoutées, dessert facilement cette dépendance de l'édifice.

Si nous nous arrêtons ainsi à ces détails de distribution intérieure, c'est que nous y attachons une grande importance. En effet, l'emplacement des sacristies a toujours été, pour les architectes en général, une source constante d'embarras et de pénibles préoccupations, c'est encore pour la plupart, un problème difficile à résoudre, surtout lorsqu'il s'agit, sans le dénaturer , de coordonner leur plan avec toutes les exigences du culte.

En un mot , l'ensemble des travaux déjà effectués fait vivement désirer le jour où l'on verra l'œuvre se compléter par l'achèvement des nefs et la construction de la façade. Nul doute , que dans ce complément de l'édifice , on ne retrouve encore, comme dans ce qui vient d'être fait, la même perfection d'ensemble et la même fraîcheur d'inspiration.

Mais quel que soit, cependant, le mérite d'un artiste, il ne pourrait parfois , livré à lui-même et par ses seules forces, se manifester au grand jour ; il serait condamné bien souvent à rester ignoré s'il ne se rencontrait de temps en temps, pour lui venir en aide et le mettre en évidence , quelques uns de ces hommes aux sentiments élevés, aux convictions profondément artistiques.

L'histoire de la construction de l'église de Saint-Georges est là pour nous révéler, dans le digne curé de cette paroisse, une de ces nature d'élite, dont le désintéressement et la générosité presque sans exemple, viennent de doter notre ville d'un monument des plus remarquables.

Le Mécène, dans cette occasion, s'est trouvé à la hauteur du talent de l'artiste, par le noble dévouement dont il a donné la preuve; non content en effet, de déployer son zèle à provoquer des souscriptions particulières et à solliciter des subventions de la part de la ville, il s'est fait, lui-même, le souscripteur le plus important et a puissamment contribué, de ses deniers personnels, à la construction de son église. Il s'y est identifié de la manière la plus intime ; il en a fait un des bonheurs de sa vie ! Puisse-t-il, le digne pasteur, voir réaliser bientôt ses plus chères et ses plus légitimes espérances ; puisse surtout, à son exemple, le concours sympathique et empressé de tous, venir lui rendre facile l'accomplissement d'une si belle tâche !

On est heureux de retrouver de temps en temps, au milieu des ardentes convoitises dont notre siècle est dévoré, ces élans généreux, ces nobles aspirations de l'âme qui priment d'une façon si supérieure les jouissances exclusives de la vie matérielle, dont on se préoccupe tant aujourd'hui.

Le talent de M. Bossan pouvait être déjà suffisamment apprécié dans cette admirable interprétation du style ogival; nous aurions même désiré, pour notre part, lui voir traiter de cette manière large et savante, l'art tout entier du moyen-âge dans chacune des périodes qui le caractérisent.

Mais l'artiste depuis lors, dominé sans cesse par cette prodigieuse facilité de conception dont toutes ses œuvres sont particulièrement empreintes, n'a pu s'astreindre à rester constamment dans le cercle étroit d'un style déterminé; il lui fallait de plus vastes horizons, une carrière plus étendue ; son inspiration semblait le pousser d'ailleurs, d'une manière irrésistible, dans cette voie inconnue jusqu'à ce jour, de la rénovation de l'art religieux.

C'est dans cette hardie émancipation de la pensée créatrice que pouvait seul tenter, avec succès, le véritable génie que nous nous proposons de suivre l'éminent artiste lyonnais; il importe extrêmement, du reste, d'analyser avec attention le type de cet art nouveau si diversement apprécié jusqu'à ce jour, et sur lequel, par suite d'un engouement trop exclusif pour le style gothique, on s'est, en général, si étrangement mépris.

Bientôt, nous l'espérons, il nous sera possible de mettre en évidence quelques églises rurales récemment construites par notre savant architecte, et dans lesquelles on retrouve, mais sous divers aspects, le caractère si remarquable de celle de l'Immaculée-Conception.

Ch. VAYSSE